BEI GRIN MACHT SICH IHR WISSEN BEZAHLT

- Wir veröffentlichen Ihre Hausarbeit, Bachelor- und Masterarbeit

- Ihr eigenes eBook und Buch - weltweit in allen wichtigen Shops

- Verdienen Sie an jedem Verkauf

Jetzt bei www.GRIN.com hochladen und kostenlos publizieren

Beate Schmitz

Der Toleranzgedanke verdeutlicht am dramatischen Gedicht „Nathan der Weise" von Gotthold Ephraim Lessing

GRIN Verlag

Bibliografische Information der Deutschen Nationalbibliothek:

Die Deutsche Bibliothek verzeichnet diese Publikation in der Deutschen National-
bibliografie; detaillierte bibliografische Daten sind im Internet über http://dnb.d-
nb.de/ abrufbar.

Impressum:

Copyright © 2014 GRIN Verlag GmbH
Druck und Bindung: Books on Demand GmbH, Norderstedt Germany
ISBN: 978-3-656-89729-3

Dieses Buch bei GRIN:

http://www.grin.com/de/e-book/292635/der-toleranzgedanke-verdeutlicht-am-
dramatischen-gedicht-nathan-der-weise

GRIN - Your knowledge has value

Der GRIN Verlag publiziert seit 1998 wissenschaftliche Arbeiten von Studenten, Hochschullehrern und anderen Akademikern als eBook und gedrucktes Buch. Die Verlagswebsite www.grin.com ist die ideale Plattform zur Veröffentlichung von Hausarbeiten, Abschlussarbeiten, wissenschaftlichen Aufsätzen, Dissertationen und Fachbüchern.

Besuchen Sie uns im Internet:

http://www.grin.com/

http://www.facebook.com/grincom

http://www.twitter.com/grin_com

<u>Facharbeit</u>

Der Toleranzgedanke

verdeutlicht am Beispiel des dramatischen Gedichts

„Nathan der Weise"

von

Gotthold Ephraim Lessing

Verfasserin:	Beate Schmitz
Fach:	Deutsch
Jahrgangstufe:	12

Inhaltsverzeichnis

I. Einleitung

Das dramatische Gedicht „Nathan der Weise" von Gotthold Ephraim Lessing gehört zu den meistgelesenen Werken im Deutschunterricht. Doch ist der Sachverhalt des Dramas auch noch 200 Jahre nach dem ersten Erscheinen aktuell und für die heutige Gesellschaft überhaupt von Interesse? Kann man soweit gehen und behaupten, dass die Literatur die Welt ein wenig verändern kann? In der Hoffnung, dass diese Fragen am Ende wenigstens ansatzweise beantwortet werden können, befasse ich mich in dieser Arbeit mit Lessing, seinem Drama „Nathan der Weise" und dem in ihm verarbeiteten Toleranzgedanken.

II. Einführung: Autor und Entstehungszeit des Dramas

1. Der Autor

Gotthold Ephraim Lessing gilt als einer der bedeutendsten deutschen Aufklärer. Er wird am 22. Januar 1729 in Kamenz (Oberlausitz; Sachsen) als drittes von zwölf Kindern des lutherischen Pastors Johann Gottfried Lessing und der Pastorentochter Justine Salome, geb. Feller, geboren. 1746 widmet er sich dem Studium der Theologie und der Philosophie in Leipzig. Bereits seine ersten schriftstellerischen Versuche sind erfolgversprechend. Das Lustspiel „Der Gelehrte" wird 1748 in Leipzig uraufgeführt.

1752 gelangt Lessing im „aufgeklärten" Berlin entgegen seinen Erwartungen nicht bis zum König Friedrich II. vor. Auch seine Hoffnung auf ein Treffen mit dem französischen Aufklärer Voltaire, der zu Gast beim König ist, wird enttäuscht. Er knüpft jedoch Kontakte mit Christoph Friedrich Nicolai, einem Verleger und Schriftsteller, Moses Mendelsohn, einem jüdischen Philosophen, der als einer der wichtigsten deutschen Aufklärer gilt, und Ewald von Kleist, einem preußischen Major und Dichter. Während seines Aufenthaltes in Berlin schreibt Lessing das Trauerspiel „Sara Sampson", das 1755 in Frankfurt seine Uraufführung hat.

Zusammen mit Mendelsohn und Nicolai gibt er 333 „Briefe, die neueste Literatur betreffend" heraus. Von den 55 von Lessing selbst verfassten Briefen ist der 17. Literaturbrief, in dem er Gottsched und das von ihm gelobte französische klassizistische Theater heftig kritisiert, wohl der bedeutendste. 1767 macht er sich nach Hamburg auf, wo er die ernste Komödie „Minna von Barnhelm" fertig stellt. Unter dem Titel „Hamburgische Dramaturgie" erscheinen 52 seiner Theaterkritiken. Er findet Freunde in den Dichtern Klopstock und Matthias Claudius, den Schauspielern Konrad Ekhof und Friedrich Ludwig Schröder und Dr. Johann Albert Hinrich Reimarus. Am 13. März 1772 wird in Braunschweig sein Trauerspiel „Emilia Galotti" aufgeführt. Lessing bringt eine Reihe von theologisch-philosophischen Schriften unter dem Titel „Fragmente eines Ungenannten" heraus. Es handelt sich um Werke des bereits verstorbenen Theologen, Philosophen, Philologen und Zoologen Hermann Samuel Reimarus, mit dessen Kindern Lessing gut befreundet war. Die Kirche und im besonderen der Hamburger Hauptpastor Goeze fühlen sich attackiert. Es stehen sich zwei unversöhnliche

Seiten gegenüber: der orthodoxe Goeze vertritt streng die Machtinteressen von Kirche und Staat, wohingegen Lessing der Überzeugung war, dass die kritisch gebrauchte Vernunft nur sich selbst und nicht der Kirche und dem Staat unterliegt. Diese Vorwürfe führen schließlich zu Lessings Publikationsverbot. Zu dieser Zeit entsteht das dramatische Gedicht „Nathan der Weise", das erst 1783 (zwei Jahre nach Lessings Tod) aufgeführt wird. Gotthold Ephraim Lessing stirbt am 15. Februar 1781 im Alter von 52 Jahren in Braunschweig.

2. Die Epoche der Aufklärung

Eine genaue Eingrenzung des Zeitalters der Aufklärung ist nur schwer möglich. Die Bewusstseins-Geschichte wird etwa mit dem Tod des französischen Königs Ludwig XIV. im Jahre 1715 und dem Ende der Barockepoche begonnen haben. 1786 wird wohl mit dem Ableben des preußischen Königs Friedrich II. das wesentliche „geistesgeschichtliche Ereignis der Aufklärung"[1] abgeschlossen sein.

Die Epoche der Aufklärung im 18. Jahrhundert ist vor allem vom aufkommendem Selbstbewusstsein des Bürgertums geprägt. Hierzu stellte Kant 1784 fest:

„Aufklärung ist der Ausgang des Menschen aus seiner selbst verschuldeten Unmündigkeit. Unmündigkeit ist das Unvermögen, sich seines Verstandes ohne Leitung eines anderen zu bedienen."[2]

Unter „Leitung eines anderen" wird hier mit Sicherheit auf die bereits genannten absolutistischen Herrscher Ludwig XIV. in Frankreich und Friedrich II. in Preußen angespielt. Zwar durfte das Volk seine eigene Meinung haben, doch dem Willen des Königs war Folge zu leisten. Um sich aus dieser Abhängigkeit zu lösen, setzte man auf die Vernunft und seinen eigenen Verstand. Zu Beginn der Aufklärung steht also der Entschluss zur Umkehr. Hierzu gehört sicherlich Mut, Entscheidungskraft und Selbstvertrauen. Letzteres dokumentiert sich darin, dass der Begriff der Aufklärung schon seit 1750 existiert. Im Gegensatz zu anderen Zeitaltern, die im nachhinein benannt worden sind, gab sich diese Epoche selbst den Namen.

Vorangetrieben wurde die „geistige Bewegung der europäischen Intelligenz"[3] vom Adel und den gebildeten Ständen. Dazu zählten u.a. Dichter und Philosophen, die das bürgerliche

---

[1] Arendt, Dieter: Grundlagen und Gedanken, 1998, S.5f.
[2] Kant, Immanuel: Beantwortung der Frage: Was ist Aufklärung? 1784 Aus: Arendt, Dieter: Grundlagen und Gedanken, 1998, S.5.

Denken anregen wollten und es letztlich auch beeinflussten. Zahlreiche Zeitungen und Zeitschriften gingen in Druck, Lesegesellschaften wurden gegründet und Diskussionsforen entstanden.

In Frankreich wurde die Aufklärung vor allem von Voltaire, Rousseau und Diderot vorangetrieben. Deutschland hatte es im Gegensatz zu Frankreich, England und den Niederlanden schwerer eine „Revolution" durchzubringen, da der Staat nicht geeint war und es eigentlich keine Nation gab.

---

[3] Lexikon-Institut Bertelsmann (Hrsg.): Die große Bertelsmann Lexikothek, Bd. 1.

III. Textanalyse

1. Inhalt

Das Drama spielt in Jerusalem, der heiligen Stadt der Christen, Juden und Moslems, zur Zeit der Kreuzzüge. Zu Beginn der Handlung wird dem reichen Juden Nathan, der soeben von einer Geschäftsreise zurückgekehrt ist, vom Brand seines Hauses berichtet. Seine angenommene Tochter Recha wurde vom Tempelherrn gerettet, dem Nathan nun zu Dank verpflichtet ist. Zuvor wurde der Tempelherr von Sultan Saladin, der über die Stadt regiert, wegen seiner Ähnlichkeit mit dem verstorbenen Bruder des Sultans Assad begnadigt. Der Tempelherr macht sich zunächst Vorwürfe, dass er eine Jüdin gerettet hat, verliebt sich jedoch anschließend in sie und möchte sie sogar heiraten.

Sultan Saladin will sich derweil vom Kaufmann Nathan Geld leihen. Bei einem Zusammentreffen im Palast stellt er ihm die Frage, welches die wahre Religion sei. Daraufhin erzählt Nathan ihm die Parabel mit den drei Ringen.

Daja, Nathans christliche Bedienstete, vertraut dem Tempelherrn an, dass Recha ursprünglich Christin ist und teilt Recha mit, dass Nathan nicht ihr leiblicher Vater ist. Der christliche Patriarch, dem sich der Tempelherr anvertraut hat, verurteilt Nathan aufgrund seiner Erziehungsmethoden und meint, er gehöre auf den Scheiterhaufen.

Nathan erfährt durch Zufall den Namen des Tempelherrn und kann mit Hilfe einer Inschrift eines Buches von Rechas leiblichem Vater die Verwandtschaftsbeziehungen herleiten. Es stellt sich heraus, dass Recha und der Tempelherr die Kinder von Assad sind und somit Sultan Saladin ihr Onkel ist.

2. Aufbau und Struktur

Das dramatische Gedicht „Nathan der Weise" ist in fünf **Aufzüge** unterteilt, die wiederum mehrere **Auftritte** beinhalten. Die drei Einheiten von Ort, Zeit und Handlung werden von Lessing gewahrt.

In der **Exposition** wird die unmittelbare Vorgeschichte Nathans erzählt. Zudem wird der Leser mit den Hauptfiguren Nathan, Recha, Daja und dem Tempelherrn vertraut gemacht, sowie dem Derwisch Al-Hafi. Erste Probleme wie die Geldsorgen des Sultans und somit die Bedrängnis Nathans oder die Schwärmerei des Tempelherrn für Recha werden bereits angekündigt. Deutlich wird auch der Konflikt der drei monotheistischen Religionen, die in der heiligen Stadt Jerusalem aufeinander treffen.

Der zweite Aufzug zeigt die **Entwicklung** des Dramas. Der Sultan Saladin und dessen Schwester Sittah kommen hinzu, womit nun alle drei Religionen vertreten sind. Nathan sucht das Gespräch mit dem Tempelherrn, der anfangs dem Juden gegenüber sehr abweisend ist. Schließlich freunden sich die beiden aber doch an.

Einen möglichen Ausweg aus den Problemen stellt die **Peripetie** dar. Der Tempelherr, der mit bürgerlichem Namen Curd von Stauffen heißt, könnte Recha zur Frau nehmen und dem Sultan könnte finanziell von Nathan geholfen werden. Es tritt jedoch eine Wendung ein, indem Nathan Saladin zwar kein Geld leiht, ihm jedoch eine Lehre erteilt. Des weiteren klärt Daja den Tempelherrn über Rechas wirkliche Identität auf, was natürlich zu Verwicklungen führt.

In der **Krise** im vierten Aufzug verrät der Tempelherr Nathan an den machtbesessenen Patriarchen (der Züge Goezes trägt, vgl. Kapitel II., 1. Der Autor) und den Sultan. Nathan wiederum gesteht dem Klosterbruder seinen alten Hass gegen die Christen, die vor langer Zeit seine Familie ermordet haben. Das Gespräch der beiden ergibt, dass der Klosterbruder damals derjenige war, der Recha an Nathan übergeben hat.

Der fünfte Aufzug bringt endlich die **Lösung**. Nathan erkennt die Verwandtschaftsverhältnisse und führt alles zu einem glücklichen Ende.

3. Sprache und Stil

Lessings Stil ist die für seine Epoche charakteristische Natürlichkeit. Dies wird vor allem durch seinen oft zitierten Satz an seine damals zwölfjährige Schwester deutlich: „Schreibe wie du redest, so schreibst du schön."[4] Lessing hält nichts von der gekünstelten Sprache, sondern ist vielmehr der Meinung, dass die Dichtung „gleichzeitig eine gedankliche und syntaktische Einheit"[5] sein sollte.

---

[4] Arendt, Dieter: Grundlagen und Gedanken, 1998, S.51.
[5] Patzer, Georg: Lektüre Easy, 2001, S.59.

„Nathan der Weise" ist in Versform verfasst. Lessing verwendet den reimlosen fünffüßigen Jambus, den sog. „Blankvers"[6]. Mit dieser bindenden und zugleich dynamischen Versform eifert er seinem Vorbild William Shakespeare nach. Trotzdem bricht Lessing die Tradition, indem er die Form verändert. Er gleicht die Dramensprache immer mehr der gehobenen Alltagssprache an. „Ja? – Nun so – Nun freilich – Dann" (IV, 2) Außerdem wird für die verschiedenen Personen derselbe Sprachstil benutzt, womit Lessing auf die grundsätzliche Gleichheit der Menschen hinweisen will. Die Personen unterscheiden sich nämlich lediglich durch ihren Glauben und ihr Vermögen, Toleranz auszuüben. Weiter lockert er den Sprachstil mit Hilfe von Enjambements auf, d.h. Vers- und Satzende sind nicht immer identisch: „Der reiche Jude war / Mir nie der bessre Jude." (II, 5) Die Gesprächssituationen sind trotz der spärlichen Regieanweisungen („*Nathan von der Reise kommend. Daja ihm entgegen*" I, 1) gut nachvollziehbar, da Lessing die einzelnen Personen aufeinander eingehen lässt. Die Sprechenden beziehen sich auf die Worte ihrer Vorgänger und drücken sich „reaktionsschnell und gewandt"[7] aus, was den Leser fließend verstehen lässt:

> „Daja: ,Wie elend, elend hättet Ihr indes
>
>   Hier werden können! Euer Haus...'
>
> Nathan: ,Das brannte.
>
>   So hab' ich schon vernommen.'" (I, 1)

Dieses Beispiel zeigt zugleich den schnellen Sprecherwechsel und das Ins-Wort-Fallen, was die Szenerie belebt. Wichtige Schlüsselwörter werden durch Wiederholung besonders betont:

> „Daja: ,Mein Gewissen...'
>
> Nathan: ,Vor allen Dingen dir erzählen...'
>
> Daja: ,Mein
>
>   Gewissen, sag' ich...' (I, 1)

4. Dialogform

Wie bereits beschrieben ist die Sprache des Stücks sehr lebendig und bildhaft, da in ihr die Handlung wiedergegeben wird. Die äußere Handlung tritt somit in den Hintergrund. Auch Erkenntnisse der Personen werden mit Hilfe der Sprache anstelle von Handlungen dargestellt:

---

[6] vgl. Patzer, Georg: Lektüre Easy, 2001, S.58.
[7] Kröger, Wolfgang: Oldenbourg Interpretationen, S.71.

„Saladin: (Bei dem Lebendigen! Der Mann hat Recht. / Ich muss verstummen.)" (III, 7) Das Drama beinhaltet zwei Arten von Dialogformen: den offenen Dialog und den Lehrdialog.

Als offenen Dialog bezeichnet man ein Gespräch unter Freunden, in dem Gedanken und Gefühle ausgetauscht werden. Offen und kritisch gehen beispielsweise Nathan und der Derwisch Al-Hafi miteinander um:

„Nathan: ,Al-Hafi, mache, daß du bald

     In deine Wüste wieder kömmst. Ich fürchte,

     Grad' unter Menschen möchtest du ein Mensch

     Zu sein verlernen.'

Derwisch: ,Recht, das fürcht' ich auch.

     Lebt wohl!'" (I, 3)

Im Vordergrund stehen die Lehrdialoge bzw. Monologe, in denen Toleranz und Humanität vermittelt werden sollen. Besonders bedeutend ist in diesem Zusammenhang die Ringparabel, die Nathan dem Sultan nach dessen Frage nach der einzig wahren Religion erzählt. Hier berichtet Nathan Saladin von einem Vater, der, wie es die Tradition will, vor seinem Tod einen wertvollen Ring an den liebsten seiner drei Söhne weitergeben soll. Er kann sich jedoch nicht entscheiden und fertigt daraufhin zwei identisch aussehende Ringe an. Später sind die Söhne nicht in der Lage, den richtigen Ring ausfindig zumachen. Wie der Ring in der Geschichte ist auch der wahre Glaube nicht erweislich.

Lessing bediente sich hier der Ringparabel von Giovanni di Boccaccio aus dessen Decamerone (I, 3).

IV.   Toleranz

1. Der Toleranzgedanke

Das Wort Toleranz kommt aus dem lateinischen und bedeutet Gelten- und Gewährenlassen, sowie Ertragen und Erdulden. Man soll also Achtung vor andersartigen Anschauungen und Handlungsweisen haben und diese respektieren, darf aber dennoch seine eigenen festen Überzeugungen beibehalten.

Der Toleranzgedanke hat seinen Ursprung in der Aufklärung. In dieser Epoche nahm man (wie bereits unter I., 2. Die Epoche der Aufklärung beschrieben) nicht mehr alle Gegebenheiten hin, sondern forschte selber nach. So entwickelten sich auch allmählich die Naturwissenschaften. Die Gestalt der Erde wurde beispielsweise angezweifelt (vgl. Galileo Galilei) und es stellte sich heraus, dass einige Bibelpassagen auf einem veralteten Wissensstand beruhten.

In der Aufklärung forderten neben Lessing unter anderem Spinoza, Locke und Voltaire die Toleranz „zusammen mit der religiösen Neutralität des Staates"[8]. Zu Zeiten Lessings war man von Religionsfreiheit nämlich noch weit entfernt. Deutschland war nicht nur in zwei Königreiche unterteilt (Preußen und Bayern), sondern es gab auch viele kleine Fürsten- und Herzogtümer. Der jeweilige Fürst oder Herzog konnte in seinem Territorium die Konfession bestimmen, die alle Einwohner anzunehmen hatten. Die Grenzen zwischen den einzelnen Besitztümern waren also oftmals auch Religionsgrenzen.

Probleme im Umgang mit Toleranz ergeben sich bei den monotheistischen wahrheitsbeanspruchenden Religionen, die auch in „Nathan der Weise" von Bedeutung sind. Monotheistisch bedeutet, dass es nur einen Weltgott (Allah, Gott) gibt, auf den man vertraut. Im Gegensatz hierzu stehen z.B. der Buddhismus und der Hinduismus, die mehrere Gottheiten verehren. Wahrheitsbeanspruchend heißt, dass alle Religionen ihre Offenbarungen (Koran, Tora, Bibel) für die einzig richtige halten und somit die anderen ausgeschlossen werden. Es fällt den unterschiedlichen Gruppen schwer die Verhaltensweisen der anderen zu verstehen und zu akzeptieren.

---

[8] Höffe, Otfried (Hrsg.): Lexikon der Ethik, 1992, S.279.

Im Vergleich zum „wesentlich intoleranten Mittelalter"[9] schritt man mit dem Toleranzbegriff in der Aufklärung soweit voran, dass man sagen konnte, „daß Menschen einander – als Menschen gleichen"[10]. Dies war ein enormer Fortschritt, zumal beispielsweise Juden früher von den Christen nicht als Menschen angesehen wurden. Eine Textstelle aus „Nathan der Weise" lautet hierzu:

„Saladin: ,Laß uns das

Sogleich versuchen. – Bliebst du wohl bei mir?

Um mir? – Als Christ, als Muselmann: gleich viel!

Im weißen Mantel, oder Jamerlock;

Im Tilban, oder deinem Filze:

Du willst! Gleich viel! Ich habe nie verlangt,

Daß allen Bäumen Eine Rinde wachse.'

Tempelherr: ,Sonst wärst du wohl auch schwerlich, der du bist:

Der Held, der lieber Gottes Gärtner wäre.'

In der zweiten Hälfte des 18. Jahrhunderts wurden sich vor allem Juden und Christen bewusst, dass „sie sich auf einer gemeinsamen menschlichen Grundlage treffen konnten"[11]. Das beste Beispiel hierfür ist die Freundschaft zwischen Lessing (als Christ) und Moses Mendelsohn (als Jude) in den 50er Jahren des 18. Jahrhunderts. Mendelssohn behauptete, „daß religiöse Toleranz ein Grundmerkmal des Judentums sei und daß hierin seine moralische Überlegenheit über das Christentum gründe"[12].

In Lessings Drama spielt der Jude Nathan die Rolle des Überlegenen und Toleranten. Man könnte nun glauben, dass Lessing den weisen Nathan nach seinen Vorgesprächen mit Mendelssohn absichtlich dem jüdischen Glauben zuordnete. Doch er wollte das Judentum nicht etwa als höherrangig darstellen, sondern verdeutlichen, „daß die ethische Größe eines Menschen von seinem Glauben unabhängig ist"[13]. Es ist anzunehmen, dass Mendelssohn aber als Vorlage für Lessings Nathan diente.

Nathans Vorstellungen von Toleranz gehen in dem Drama allerdings über „Dulden" weit hinaus. Er fordert nicht nur Akzeptanz, sondern auch Gleichberechtigung und Gleichstellung der Offenbarungsreligionen.

---

[9] Von der Osten-Sacken, Peter (Hrsg.): Toleranz heute, 250 Jahre nach Mendelsohn und Lessing, 1979, S. 51.
[10] A.a.O., S.51
[11] A.a.O., S.6.
[12] A.a.O., S. 8
[13] A.a.O., S.13

2. Kann Literatur Toleranz fördern?

Lessing selbst war wohl weniger davon überzeugt, dass sein Stück auf der Bühne erfolgreich sein würde. So schrieb er an seinen Bruder Karl Gotthold:

> „Es kann wohl sein, daß mein Nathan im ganzen wenig Wirkung tun würde, wenn er auf das Theater käme, welches wohl nie geschehen wird. Genug, wenn er sich mit Interesse nur lieset, und unter tausend Lesern nur einer daraus an der Evidenz und Allgemeinheit seiner Religion zweifeln lernt."[14]

Als „Toleranzdichtung neuhumanistischen Geistes"[15] kann „Nathan der Weise mit Sicherheit zu den toleranzfördernden Werken der Literatur gezählt werden. Die Geschichte der drei Ringe regt den Leser an sich einmal „an die eigene Nase zu fassen". Im besten Falle denkt man über sein eigenes Verhalten gegenüber anderen nach, so wie Lessing es sich wünschen würde.

Auch andere Stücke versuchen auf die Verhaltensweisen der Menschen einzugehen. Nicht umsonst gab es zur Zeit der Aufklärung etliche Dichter und Philosophen, die ihre Meinungen in Artikeln, Gedichten, Dramen usw. veröffentlichten und somit auf die Gesellschaft Einfluss nahmen.

---

[14] http://www.xlibris.de/Autoren/Lessing/LeZWerk/LeZW.htm.
[15] zur Nedden, Otto C. A. und Ruppel, Karl H. (Hrsg.), Reclams Schauspielführer, S. 18.

V. Ergebnisse

Es lässt sich sicherlich sagen, dass Lessings Drama „Nathan der Weise" auch 200 Jahre nach der Erstaufführung nichts von seiner Wirkungskraft verloren hat. Gerade heute, in unserer aufgeklärten Welt, hat sein Stück nichts an Aktualität einbüßen müssen. Leider gibt es zwar immer noch Spannungen zwischen den fanatischen und intoleranten Vertretern der verschiedenen Religionen, doch der Umgang zwischen Juden und Christen ist nun weitgehend entspannt. Islamisten hingegen haben nie eine Epoche wie die der Aufklärung erlebt. Deshalb ist es möglich, dass die Islamisten auf einem früheren Entwicklungsstand stehen geblieben sind.

Als Schullektüre, die den Religionskonflikt anschaulich darstellt und bestimmt auch Toleranz fördert, ist „Nathan der Weise" sehr empfehlenswert.

VI.   Literaturverzeichnis

Arendt, Dieter: Grundlagen und Gedanken. Drama. Gotthold Ephraim Lessing. Nathan der Weise, 6. Aufl., Frankfurt am Main, 1998

Drews, Wolfgang; Kurt und Beate Kusenberg (Hrsg.): Gotthold Ephraim Lessing in Selbstzeugnissen und Bilddokumenten, Reinbek bei Hamburg 1982

Göbel, Helmut (Hrsg.): Lessings Nathan, Der Autor, der Text, seine Umwelt, seine Folgen, erw. Neuausgabe, Berlin, 2002

Höffe, Otfried (Hrsg.): Lexikon der Ethik, 4. Aufl., München, 1992

Kröger, Wolfgang: Oldenbourg Interpretationen. Gotthold Ephraim Lessing. Nathan der Weise, 2. Aufl., München, 1991

Lexikon-Institut Bertelsmann (Hrsg.): Die große Bertelsmann Lexikothek, Bd. 1, Gütersloh, 1993

Patzer, Georg: Lektüre Easy, Gotthold Ephraim Lessing, Nathan der Weise, 1. Aufl., Stuttgart, 2001

von der Osten-Sacken, Peter (Hrsg.): Toleranz heute. 250 Jahre nach Mendelssohn und Lessing, Berlin, 1979

zur Nedden, Otto C. A. und Ruppel, Karl H. (Hrsg.): Reclams Schauspielführer, 3. Aufl., Stuttgart, 1955

http://www.xlibris.de/Autoren/Lessing/LeZWerk/LeZW.htm